काव्य उदय

ज़िन्दगी के विभिन्न रंग

सपना बैनर्जी

ISBN 979-888591868-8

मै यह किताब समस्त गुरुजनो को समर्पित करती हूँ जिनकी प्रेरणा से किताब का प्रकाशन संभव हो सका ।

क्रम-सूची

क्रम-सूची

क्रम-सूची

काव्य

उदय

ज़िन्दगी के विभिन्न रंग
        ज़िन्दगी के विभिन्न रंग बिरंगे एहसासों को सहज
        अभिव्यक्त कराती यह रचनाए

सपना बैनर्जी

मूल्य- 150/-
प्रकाशन दिनांक- 9-2-2022

लेखक के बारे में

सपना बैनर्जी एक प्रारम्भिक कवियत्री बरेली उत्तर प्रदेश से है।

यह मानती है कि किसी भी कला और रूप में लिप्त होना मस्तिष्क के रचनात्मक पक्ष को दुरस्त रखने के लिए महत्वपूर्ण है, एक कवियत्री जो अपने विचारों और भावनाओं को वो अपनी रचनाओं के माध्यम से अपनी भावनाएँ व्यक्त करते है। कालेज के समय से ही शौक था कविता लिखने का मगर 2021 मे यह शौक पुस्तक लेखन में बदल गया। उनके द्वारा लिखी गई रचनाओं से व्यक्तियों को उनके रचनात्मक अभिव्यक्ति को जानने की मदद मिलेगी।

आप अपने सुझाव इनके कविताओं को पढ़ कर साझा कर सकते है। ज़िन्दगी के विभिन्न रंग बिरंगे एहसासों को सहज अभिव्यक्ति कराती यह रचनाएँ ।

Email - 1310.sapna@gmail.com

आभार

वर्ष 2021 से मेरी कविता लिखने की शुरूआत हुई। जिन्दगी जब अपनी रफ्तार में चलती है तो समय कैसे बीतता है इस बात का पता ही नहीं चलता। परन्तु कभी-कभी जिन्दगी ऐसे मोड़ ले लेती है, कि अचानक सब कुछ बदल जाता है तब हमें जिन्दगी का महत्व समझ आता है। ऐसे ही मेरी जिन्दगी में ऐसे मोड़ आए। मुश्किलों से परेशान होकर उन दिनों जीवन की हलचल को मैनें शब्दों में बाँधनें का प्रयास किया। अपनी अभिव्यक्ति को जीवन के कई रंगो को मैनें नई आशाओं में सहजनें की एक छोटी सी कोशिश की है।

मुझे साहित्य जगत की वर्तमान पीढ़ी के सविख्यात लेखक शोम वाटला जी का सानिध्य मिला और उनसे मिले प्रोत्साहन से मेरी कलम चल पड़ी। मैं रचनाओं को प्रस्तुत, K indle Version प्रकाशित करने का अथक प्रयास किया है।

मैं श्री शोम वाटला जी का हृदय-तल से आभार व्यक्त करना चाहूँगी। अपने परिवार का जिनकें साथ के बगैर

में कुछ भी नहीं कर सकती थी। और उन सभी साथियों का जिन्होंने किसी न किसी रूप में मेरी मदद की।

लेखन कार्य बिना किसी प्रकार के बांधा के संपन्न हो सका इसलिए मै ईश्वर के समक्ष नतमस्तक हूँ।

सपना बैनर्जी

भूमिका

हमारे मस्तिष्क मे हजारो ख्याल आते है और जब हम कविता पढते है तब हम उसके शब्दों मे लीन हो जाते है और हमारे मस्तिष्क मे चित्र उभरने लगते है |अगर हमें अपने सोच के दायरे को विस्तृत करना है तो व्यक्तित्व का विकास करना पड़ेगा और उसके लिए कविता एक सुन्दर माध्यम है क्योंकि कहाँ गया है कि चेहरा ही व्यक्तित्व का दर्पण है| इन रचनाओं के द्वारा आप अपने व्यक्तित्व का विकास कर सकते है |

काव्य उदय मे जिन्दगी के विभिन्न रंगों को बहुत ही सन्दर रूप मे दिखाया गया है|सुख - दुःख, आशा- निराशा, उतार - चढ़ाव अमीरी- गरीबी, चुप्पी-जबाब, प्यार, हसी -रुदन, विभिन्न रंगो से भरा जीवन के रंग देखने को मिलेंगे कविताओ के माध्यम से परिवार, समाज, स्त्री एवं हसी के फव्वारे आदि से सबंधित अपने विचार वियक्त किए।

1. चाय

चाय के कप में,
सिर्फ चाय नही होती,
कुछ पल,
सुकून के भी होते है
सुकून के भी होते है,
|क्या सर्द हवा चल रही है
और बूंदा बांदी भी हो रही है
और देखो सर्दी कुछ इस कदर...,
बढती ही जा रही है
फिजा मे भी घुल रही है महक अदरक की
देखो सबको अपनी तरफ
आपकी तलब के लिए बुला रही है ,
यह तस्सली की चाय है ,
कुछ पल के लिए सुकून दे जाएगी ,
यह जिन्दगी के विभिन्न रंगों की
चाय है,
इसको घूट घूट कर,
पीजिए मित्रो और,
मजा लीजिए जिन्दगी का ।।

2. जिन्दगी

बहुत मासूम है यह जिन्दगी ,
रोज कुछ नया पन लाती है यह जिन्दगी
हर नए दिन के साथ
अहसास जताती है यह जिन्दगी |
उम्र की तासीर1 को ,
रोनक दे जाती है यह जिन्दगी |
लोग कहते है हमेशा ,
हमारी उम्र तुम्हे लग जाए ,
पर यह भूल जाते है ,
कल किसने देखा है ,
पलो का हिसाब नहीं ,
की जिन्दगी हाथ से फिसल जाए|
वो अपना एक वक्त और ,
एक उम्र के बाद वापस ले रहा है ,
जिन्दगी की हकीकत को मेने इतना जाना ,
दर्द मे अकेले और खुशिओ मे जमाना ,
इसलिए उम्र को वापिस लेने से पहले ,
जिन्दगी को समझ लेना जरूरी है ,
बस अगले मोड़ पर ,
सुकून मिलेगा ,इसी आस मे यू ही ,
जिन्दगी चली जा रही है ।।

1 प्रभाव

3. बिटिया

मैं नन्ही सी बिटियाँ,
सबकी लाड़ली बिटियाँ,
कभी किसी गोद की शोभा,
तो कभी आगन मे किलकारी मारती,
कूदती नाचती, सब के मन को,
मोह लेती, तो कभी,
रूठ कर आँचल में,
सिमट जाती।
लम्हा बीता, बड़ी हुई,
स्कूल जाना, सबको लुभाना,
स्कूल के कार्यक्रम मे,
अब्बल मै आने लगी,
काल चक्र चलता रहा,
योवन की लालीमा लिए,
हजार सपने आँखो मे लिए,
मगर एक दिन,
हवस के पुजारी ने,
आगोश में, अपने लेकर,
सपने किए उसके चूर,
सिमट के रह गई
उसकी केवल खामोशियाँ।।

सपना बैनर्जी

4. प्रेम मै मौन

प्रेम के निकट शब्द खो जाते है,
और मौन आ जाता है
मौन आ जाये तो भी
प्रेम आ जाता है
मौन से ही करुणा होती है
करुणावान धीरे धीरे
मौन होता जाता है,
मौन बोलता है नहीं ,
इसलिए की ,
बोलने की ज़रूरत है ,
मौन बोलता है ,
इसलिए की ,
बाहर कोई ज़रूरत है ,
अन्यथा वह मौन रहे,
मौन का बोलना कोई रोग नहीं
मौन का अब कोई गमंड नहीं ,
मौन का बोलना तो ज़रूरत इसकी,
मौन का ईलाज है ,
मौन का उपचार है
करुणावान का उनको बोलना
किसी के काम पड सकता है

नहीं है जो करुणावान
उसका मौन किसी को ,
मिल जाये आलोचना के लिए
मौन से करुना का जन्म होता है
करुना से मौन का जन्म होता है
प्रेम पूर्णता का नाम है
असंतुष्ट सिर्फ शरीर खोजेगा
तभी तो यह है सीमित ,
प्रेम तो असीमित
और आपरिचित
है इश्वर तक जाने का
सुगम और आहृदित मार्ग
इसलिए प्रेम प्रकृति से करो
प्रेम श्रृष्टि से करो
ब्रहमांड के हर कण कण से करो
क्योंकि ब्रहमांड के
हर कण कण मे
प्रेम का ही वास है ।।

5. उलझी सी रहती हूँ

हर उलझन के अन्दर ही उस,
उलझन का हल मिलता है।
कोशिश करने से ही,
सुन्दर कल मिलता है।
ये मन उलझनों में,
उलझ जाती है।
विचारों के अर्तद्वद में,
उलझन ऐसा है की शांत,
भी नही रहा जाता।
बहुत कुछ करने की जदों जहद में,
कुछ कर नही पाती हूँ मै,
बिखरे हुए अरमान मे,
समेटना चाहती हूँ,
जिन्दगी एक उलझन सी है,
सुलझाना चाहती हूँ मै ,
ना ही मंजिल मिलती है,
ना ही पता रास्तों का,
वैसे ही गुजर रही है जिन्दगी,
समझ नही पाती,
कैसे सुलझाऊ यह जिन्दगी,
सुलझाने की कोशिश मे,
उलझ सी जाती हूँ।।

सपना बैनर्जी

6. यह दो कप चाय

सर्दी का मौसम ,
बारिश का नजारा ,
दो कप चाय ,
एक हमारा ,एक तुम्हारा |
वो मुलाकाते प्यार भरी बाते ,
कुछ खुशिओ की मिठास घोलकर ,
और कुछ अनुभव की इलाइची पीस कर,
हरी पत्तियो की महक लिए,
साथ मे जिन्दगी की मीठी यादों को ,
अदरक के स्वाद इसमें घोलकर,
इसमे ताजगी का अलग ही अहसास ,
और शरीर मे गर्माहट का,
आनन्द और स्फूर्ति से भर देती,
यह दो कप चाय||

7. सुनना और सुनाना

दुनिया का सबसे कठिन काम सुनना,
और सबसे आसन काम है सुनाना,
इन दो विषाक्त प्रवृति के कारण,
या सुखमय हो जाती है, या तो ज़िन्दगी,
या दुःखमय के अंधकार मे खो जाती है.... ज़िन्दगी,
इन दो शब्दों के कशमकश मे ,
चलती जाती है यह ज़िन्दगी,
दुःख के बिन सुख अधूरा,
सुख के बिन दुःख अधूरा,
स्वाद जिसने चखा ना हो दुःख का,
सुख का अनुभव नहीं कर सकता,
एक के बिन
दूसरा अधूरा ,
पूरक है एक दूजे के ।।

8. सन्नाटा शोर मचाने लगता है

यू ही नही आती मिठास किसी भी.....
रिश्तों में,
गुलकन्द के लिए, फूलों को मरना पड़ता है,
अगर रिश्ता निभाना है तो कुछ बातों को,
नजर अंदाज करना सीखों,
हर बहस में जीतने की कोशिश करने वाले,
अक्सर रिश्तें हार जाते है,
अक्सर देखा गया है समझदारी,
और हौसला से रिश्तों को ही जीता जा...... सकता,
कभी तो खुद खामोश रह कर के,
रिश्तों के कड़वे झूट को है पीना पड़ता,
मगर,कुछ हद ही ठीक है
यह ख़ामोशी ,
बहुत ज्यादा खामोश रह रहकर,
वह पूरा खामोश हो जाता है,
फिर एक दिन ऐसा भी आता है ,
कि सन्नाटा शोर मचाने लगता है।।

9. जख्म

जख्म कहाँ कहाँ से मिले है,
इन बातो का छोड़,
जिन्दगी तू तो ये बता,
सफर कितना बाकी है।
दुनिया भर के दर्द आकर,
इस जहन में ठहरें है।
भरते ही नही दिल के,
जख्म इतने गहरे है।
चलना जरा ध्यान से,
अरमान भरी राहों में,
कही शुकून 1, कही फूल,
कहीं काँटे बिखरे है।
इन्ही राहों में मुझे,
चलना और बिखरना है।
माना की अभी मंजिल कोशों दूर,
सफर अभी लम्बा है ......
मगर फिर, भी एक बार फिर से,
जिन्दगी को आजमाया जाएँ,
जिन्दगी के बाजार में,
जख्मों में फिर से,
रूबरू2 किया जाए।।
1 आराम 2 मुलाक़ात

10. अक्षर

दो अक्षर की मौत,
और,
तीन अक्षर के,
जीवन में,
ढ़ाई अक्षर का,
दोस्त,
वाजी मार जाता है,
इन अक्षर के बिना,
लिखी नही जा सकती,
ध्वनि के बिना .
बोली नहीं जा सकती,
अक्षरों की खोज की,
इन्सान ने,
लिखाई की खोज,
से पाया
इन्सान ने,
प्रगति पथ पर,
ज्ञान,
इस ज्ञान द्वारा,
इन्सान,
बन पाया एक,
सभ्य इन्सान।।

11. मिट्टी

उड़ने दो इस मिट्टी को,
कहाँ तक यह जाएँगी,
हवा का साथ छूटेगा,
लौट कर जमीन पर ही आएँगी,
सदा अपनो को बाँधा के रखा,
इस मिट्टी ने,
क्योकि,
हाड़ माँस के लुथरें हम,
सबकों इस मिट्टी में ही मिल जाना है,
मिट्टी से ही उगता सोना,
मिट्टी के हम सब हैं पुतले,
आओ प्यार की बातें करे हम,
मिल के बैठे नफ़रत छोड़े,
ऐसा काम क्यों करे हम,
जिस को कर के पछताँए,
जो होगा सब ठीक ही होगा,
होने दो जो होना है।।

12. मैं पत्थर हूँ

मैं पत्थर हूँ के मेरे सर पें,
ये इल्जाम आता है,
क्ही भी आईना टूटे,
मेरा ही नाम आता है।
आईना तो हर दिल में होता है,
फ़िर भी ना जाने नजर भटक जाती है,
इधर उधर पत्थर हाथ मे लिए,
इन्सान आ ही जाता है,
मैं पत्थर हूँ, गुमा1 यह लोगों को रहता है,
रहम कर ऐ आईने,
तेरे टूटने का,
हरदम, मुझ पे,
इल्जाम ना दैं,
मै पत्थर हूँ थोड़ा कद्र तो मेरा किया कर,
क्योकि मेरा एक हुजूर्म2 है उधर,
कह दो कि न जाए उधर आईना।
मैं पत्थर हूँ मुझसे तु इश्क ना कर,
लाखों कयामतें3 है राहों में,
कह दो आज घर न जाए आईना।
मै पत्थर हूँ मेरी कयामत वाली रात में,
डर यह है कि झूठ सच की जंग में,
डर के बिखर मैं न जाए आईना।
मै पत्थर हूँ मेरी मौजूदगी को मेरी.....

इनायत4 समझ,
मेरी धमकियो से न डर जाए यह आईना,
हकीकतों की जर्व5 को, सहते सहते मर न जाए आईना ।।
1 साफ पता
2 अपराध
3 आफत
4 देखभाल
5 सच

13. सत्य प्रेम और दया

सत्य अपने लिए रखना,
प्रेम दूसरों के लिए और,
दया सबके लिए
जीवन का यही, सभी के लिए व्याकरण ,
सत्य को जब पुकारते है,
तो वह हमसे परे हटता जाता है,
सत्य शायद जानना चाहता है,
कि उसके पीछे........
कब तक, कितनी दूर तक,
भटक सकते है
कभी दिखता है, सत्य.....
कभी औझल हो जाता है,
सत्य को निष्ठावान बनना पड़ता है,
सत्य जानने के लिए......
कठोर तप करना पड़ता है,
मगर प्रेम दूसरे के लिए,
मुझे अपनी जान बना लो,
मुझे अपना अहसास बना लो,
मुझे अपनी दिल की आवाज बना लो,
कभी ना मिटने वाली......
अल्फ़ास बना लो,
मुझे छुपा लो इस दुनिया से,
मुझे अपना राज दार बना लो,

प्राणी मात्र मे दया की भावना हो,
दया करो दीन पे, दया करो जानवरों पर,
दयालुता एक भाषा ऐसी,
बहरें सुने, अन्धे देखे,
दयालुता इन्सान मे अच्छा,
अनुभूति पैदा करती है।
बेजुवानों के साथ,
हमदर्दी , दया रखें,
ये बिना लफ़जों की दुआँए देते है।।

14. कागज और पत्थर

जरूर कोई तो लिखता होगा,
कागज और पत्थर,
का भी नसीब,
वरना ये मुमकिन नहीं कि,
कोई पत्थर ठोकर खाए,
और कोई पत्थर भगवान बन जाए,
और,
कोई कागज रद्दी और,
कोई कागज गीता बन जाए,
हाँ इतना जरूर गुमा1 है,
पत्थर तो लाखों संघर्ष ,
करने के बाद ही पत्थर,
भगवान बन पाया,
और कागज के अद्विवतीय,2
लेख लिखने के बाद,
गीता बन गया,
इसलिए,
ऐ इन्सा तू भी अपने को,
इस कदर मेहनत कश बन,
और अपने को पहुँचा,
दूर उस चाँद पर।।
1 पता होना 2 बहुत सारे

सपना बैनर्जी

15. औरत बोझ नहीं

औरत बोझ नहीं,
बोझ बनाया हमनें है,
सदीयो से बाल विवाह,
दहेज बनाया हमने है,
समाज बनाया हमने है,
रिवाज बनाया हमने है,
औरत की दबी हुई,
आवाज बनाया हमने है,
औरत तो जगत जननी है,
त्याग की मूरत है,
औरत को बोझ तले,
दबा के रख दिया हमने है,
औरत के माथे,
झुका के रख दिया हमनें है,
औरत को शिक्षित कर,
समाज की कुरीतियाँ को,
मिटाया जा सकता है,
समृद्ध बनाया जा सकता है,
देश को एक शक्तिशाली,
और विकासशील रास्त्र,
बनाया जा सकता है।
जिस युग में नर और नारी,
कदम मिला के चलेंगे,

वो स्वर्णिम युग की,
एक आशा की चिगाँरी होगी,
क्योकि, दोनों एक दूसरें,
के पूरक है,
औरत को दबा के रख दिया तो,
आदमी भी अछुता,
अब रह नही सकता।।

16. संस्कृति का आधार

दीप कैसा भी हो कहीं भी,
सूर्य का अवतार है यह,
जल गया दीप तो,
अंधियारा ढल के रहेगा,
सूर्य, अग्नि, दीपक,
संस्कृति के आधार है,
बुद्धि के विकास की,
प्रारम्भिक अवस्था,
विभिन्न प्राकृतिक घटनाएँ,
मनुष्य के मन मे,
जो प्रतिक्रिया उपजी,
वह भय और आशचर्य,
अभिव्यक्त हुई,
दिन मे सूर्य, रात मे चन्द्रमा,
फ़िर रात में असंख्य तारो का चमकना,
मनुष्य के लिए घटना विस्मय कारी
अग्नि , सूर्य और दीपक,
तीनों के गुणों की समानता,
तीनों पुन्ज प्रकाश के,
इसलिए यह,
आंतरिक और बाह्य,
तिमिर के नाशक भी है,
पावक भी है,

अपनी ऊष्मा और प्रकाश से,
पवित्र करता यह उपवन,
दीपक करता यह उपवन,
दीपक बाहरी अंधकार,
को भगाता दूर,
ज्ञान रूपी दीपक को यह,
रोशन कर जाता हर पल,
दीपक तो अमर तत्व,
सत्य का पूंज परिकाष्ठा,
दीपक पंचमहा भूतो का ,
है आदर्श समन्वय ।।

17. आँसमा और जमीन

तुम आसंमा की बुलन्दी से जल्द लौट आना,
मुझे भी जमीन की हकीकत ये बात करनी है,
हसरतों को आँसमा था अब हकीकतो की जमीन पर हूँ,
मस्तियों की मौज मै थी अब जमीनों की हस्तियों की खोज
मे हूँ......।
मेरे अरमानों को आज पंख न दो,
मै मिट्टी हूँ, मुझे जमीन में ही रहने दो,
ना खोलो अपनी बाहे आँसमा की बुलन्दी की तरह,
मै माटी हूँ मुझे जमीन में थोड़ा-थोड़ा बहने दो।।

18. मुश्किलो का सामना

खुद लड़नी पड़ती है,
जिन्दगी की लड़ाई,
लोग साथ कम,
ज्ञान ज्यादा देते है,
मुश्किलों का सामना,
खुद ही करना पड़ता है,
क्योकि लोग साथ कम,
ज्ञान ज्यादा देते है,
'खुशनुमा, दौर था जिन्दगी का,
राह में पलके विछे रहते थे,
दर्द का शेलाब बना यह जिन्दगी,
इस दर्द को मिटाएँ कैसे,
टूटे सपनों को अरमानों की,
माला में पिरोकर,
अपने खबाब को,
फ़िर से सजाँऊ कैसे,
क्योकि मुश्किलों का सामना,
खुद ही करना पड़ता है,
जिन्दगी आग का दरिया है,
यह जान लिया है मैने,
खुद को खुद से,
सम्भाल लिया मैने,
हर दर्द को यू ही सह जाते है,

मगर दूसरे के दर्द को,
सम्भाले कैसे,
क्योंकि मुश्किलों का सामना,
खुद ही करना पड़ता है।।

19. जिन्दगी की लड़ाई

मौसम बदल रहा है,
तुम अपना ख्याल रखना,
बदलता मौसम और,
बदलते लोग,
बहुत तकलीफ़ देते है,
तुम कहते हो, खुश रहा करो,
तो सुनो,
हमेशा मेरे साथ रहा करो,
ना जाने कितनें मुश्किलों कों,
पनाह दे रखा है,
बेशुमारियो को हमनें इस दिल में,
जंजालों का घर बना रखा है,
यह शब्द ही है जो अकसर,
दिल में चोट पहुँचाते है,
बिना चोट के ही,
वह कराह उठता है,
हम खुद को इस कदर,
बड़े अदव से सम्भाल चलते थे,
जिन्दगी आँखे बिछाँए बेठी थी,
दर्द उठा और 'शेलाब बन गया,
इस हकीकत को छिपाँए कैसे,
हमने खुद को इस कदर ढाल लिया है ,
क्योकि हमें पता है खूद ही लड़ना,

पड़ता है जिन्दगी की लड़ाई।।

20. स्वर्ण अक्षरों में

जिस उम्र में जो करने का मन हो,
वो उसी उम्र मे कर लेना चाहिए....।
वरना,
जिन्दगी में,
काश रह जाता है।
संधर्ष जीवन का एक अंश है,
नई ऊँचाई में ले, जाती है,
जो डरने लगे संधर्ष से,
समझो वह गुजार देते अपनी,
जिन्दगी गुमनामी में,
मगर जो इन्सान नही डरता,
मुशकिलो से निरन्तर,
बढ़ता रहता आगे,
जिन्दगी पहुँचा देती उसको,
एक नयी ऊँचाई पर,
वह साधारण इन्सान नही होता,
वह वो हासिल करता,
जो दूसरा नही कर पाता,
कई बार इन्सान को जरूरत,
होती है बस एक प्रेरणा की,
एक प्रेरणा की बदौलत,
और आत्मविश्वास से भर कर,
आँसमा को चूम जाता है,

और लिख जाता अपना नाम,
स्वर्ण अक्षरों में।।

21. रिश्ते हार जाते हैं

यू ही नहीं आती मिठास रिश्तों में,
गुलकन्द के लिए फूलों को मरना पड़ता है,
अगर रिश्ता निभाना हो तो कुछ बातों को,
नजर अदांज करना सीखों,
हर बहस में जीतने की कोशिश करने वाले,
अक्सर रिश्ते हार जाते है,
अक्सर देखा गया, हौसलो,
और समझदारी से हर लड़ाई,
जीती जा सकती है,
मगर वक्त की नजाकत से,
अक्सर इंसान हार जाता है,
खामोजी बोलने लगे जब,
सन्नाटा शोर मचाने लगे,
दर्द भी बेचैनी से बोलने लगे,
समझना किसी बहुत ही अपने ने,
गहरी चोट जरूर दिल मे पहुँचाई।
जहाँ एक को दूसरे को कद्र हो,
और उसको समझा जाता है,
वही पर टिकते है रिश्ते......,
नही तो,
हर बहस में जीतने की कोशिश करने वाले,
अक्सर रिश्ते हार जाते है।।

❧❧❧

22. जिन्दगी एक आईना

जिन्दगी एक आईने की तरह है,

यह तभी मुस्कराएगी,

जब हम मुस्कराऐगे,

चलो जिन्दगी को गुलजार करे,

मुस्कराएँ,

आओ खुल के जीए,

अपने को उजागर करें,

मुस्कान खुद में एक भाषा है,

मुस्कान खुद में एक अभिव्यक्ति है,

मुस्कान खुद में एक दवा है,

मुस्कान से आत्म विश्वास आता है,

मुस्कान से भय दूर हो जाता है,

मुस्कान से चमक उठती है आँखे,

आँखे चमकने से रोनक आती है,

मुस्कान 'शरीर के अन्दर का प्रकाश है,

मुस्कान दिल के आनन्द का भरना है,

मुस्कान चाबी है जो दिलों के ताले खोलती है,

मुस्कान मन में प्रेम उजागर करता है,

मुस्कान मंजिल तक पहूँचने का रास्ता है,

मुस्कान जिसके पास है उसके पास......

दुनिया की,

हर दौलत है.........।।

23. सुन्दर कल मिलता है

हर उलझन के अन्दर ही,
उस उलझन का हल मिलता है,
कोशिश करने वालो को ही,
सुन्दर कल मिलता है,
यह सुन्दर कल,
भावनाओं में बहने के ,
लिए नही.........
कोशिश मे अग्रसर,
होने का है,
जब यह मन,
उलझनों में उलझ कर,
रह जाता है..........,
विचारों के अंतरद्वंद मे,
खो जाता है,
बहुत कुछ करने की,
जदो जहद 1 में,
कुछ एक भी हो,
नही पाता...........,
बिखरें हुए अरमानों को,
समेटना चाहती है ,
जिन्दगी एक उलझन सी है,
सुलझाना चाहती हूँ,
ना ही मंजिल मिलती है,

ना ही रास्ते का पता,
सुलझाने की कोशिश में,
उलझ के रह जाती है ।।
1 कठिन कार्य

24. वक्त और लम्हा

यादों की वादी में गुंजे,
अफ़सानें,
बीते हुए वक्त ने कहाँ,
मै वक्त बन जाऊँ,
तु बन जाना लम्हा,
मै तुममें गुजर जाऊँ,
तुम मुझमे गुजर जाना।
वक्त का सवाल पर,लम्हा खड़ा मिला,
वक्त के आगे लोग,लम्हें को भूल जाते है,
मुझको लोग नजर अंदाज कर जाते है,
लम्हों को जुड़ने से ही वक्त बना है।
वक्त ने लम्हों को खरीदनें की हिमाकत 1..... की,
लम्हा मुस्काया और बोला.....,
मेरी तुम क्या कीमत दे सकोगे,
वक्त ने कहा जज्बात2 दे देता हूँ ।
लम्हा तो लम्हा दर
गुजरता ही जाता है,
वक्त तो खुशबू है
बिखरता ही जाता है।।
1 कोशिश
2 भावुकता

25. भूख

एक भूखे ने मन्दिर से चोरी कर ली,
शायद भूख की तरफ़,भगवान से बड़ी हो गई,
बह रहे थे उसकी आँखो से आँसु कुछ इस कदर
नदी में बाढ़ जैसे आ गई हो, इस तरह,
भूख को ललक से वह था, इतना बेहाल,
एक-एक पल जीना,उसके लिए था मुशकिल,यहाँ ना जाने
कितना खाना फ़ेका जाता है,
मगर दुर्भाग्य से ,भूख की पहुँच से
खाना कोशो दूर होता है,
भूख का कोई रंग रूप नही होता है,
भूख तो भूख होती है
उसका कोई मजहब 1 नही होता है,
जीवन का मोल जब भूख ने जान लिया,
भूख न अमीरों के बीच,
खानें के निवाले को पहचान लिया,
देखा मैने कई आँखो मे ख्बाव2 वसते हुए,
पर आज देखा मैने भूखे को भूख से तरफते हुए
सड़को के चौराहो पर भूख दम घोट रही है,
भूखे का अश्को 3 से आँख नम हो रही है,
भूख तब मिट सकती है
जब आँख बन्द होने लगे,
भूख की जिन्दगी की,
हर धड़कन साँस खोने लगे।।

1 धर्म 2 सपने 3 आंसु

26. खामोशियां

"खामोशिया".........
मगर हमेशा आसपास,
यू रहता हो ।
"खामोशियाँ"........
मगर होठ चुपचाप रहते,
यू शिशकियाँ भरता रहता है,
शब्द और लब्ज तो खो जाते है,
मगर आँखे बहुत कुछ बोलती है।
"खामोशियाँ"........,
जब नयन से हार जाता है,
गीतो से ये जीत जाता है,
सिमट कर बहुत कुछ बोलती है,
यू ही तन्हाईयों को यू ही गुनगुनाना।
"खामोशियाँ "........,
मगर हवा को चीरती हुई,
यू हवा मे दर्द की सनसनाहट,
की आहट लिए,
आत्मा को झनझोरते हुए,
पास किसी ना किसी का
अहसास कराते हुए
"खामोशिया "..........।।

27. मंजिल उसी को मिलती हैं

जो पत्थर हथोड़ो की,
चोटो से डरता है,
वो पत्थर कभी,
मूरत नही बन सकता है,
इतिहास गवाह है,
जो ज्यादा सूरज में,
जलता है........,
उसी को उतनी ही,
शीतल चाँदनी मिलती है,
एक दिन में कोई पहाड़ों मे,
रास्ता बना नही सकता,
चलते चलते पैर थक जाए,
पथरीले रास्तों मे बांधा कोई डाले,
अधियारे के बाद ही,
आती भोर है,
बिना रूके जो चलें,
मंजिल उसी को,
मिलती है..........।।

28. मै आईना हूँ

मैं आईना हूँ,
आईना ही रहूँगी,
फ़िक्र वो करे,
जिन की शक्ल पर कुछ,
और दिल में कुछ और होता है।
मै आईना हूँ,
मुझको जब ठेस लगती है,
चटक कर मेरा ,
मेरा शीशा टूट जाता है,
सभी को अपनी लड़ाई,
खुद व खुद लड़नी पड़ती है,
जिन्दगी के खेल में,
शह और मात दोनों ही होते है,
कुछ खोना कुछ पाना,
जिन्दगी का उसूल होता है,
मगर खो देने के गम में,
खूद को इस कदर, मत खो देना,
क्यो कि हारने का दूसरा नाम,
जीत होती है।।

29. यकीन और उम्मीद

''यकीन'' और,
उम्मीद,
लक्ष्य को आसान नहीं,
''संभव'' बनाते है,
''यकीन'' और,
''उम्मीद,
से ही जीत सकते है,
''सारा जहाँ''।
''यकीन और उम्मीद'',
ही दूर कर देती है,
मन की सारी कमियाँ,
''लक्ष्य'' को साध कर,
फ़िर से,
यकीन कर मन में,
उम्मीद की नई किरण,
महक जाए तन्हा जीवन,
फ़िर से
''यकीन'' और,
''उम्मीद'' से ही,
वो दिन भी जरूर आएगा।
हारे हुए हर, इंसान को,
''लक्ष्य'' को साधने,
की हिम्मत दिखाएगा ।।

30. गिरते है पत्ते मेरे

हर रोज गिरते है, पत्ते मेरे,
फ़िर भी हवाओं से,
बदलते नही रिश्ते मेरे
अकसर यह टूट कर,
विखड़ जाते है,
फ़िर से नई कोपले,
उसमें आ जाती है।
वैसे तो हवाओं से,
सदियों पुराना
रिश्ता मेरा,
चलती है हवा संनसनाहट से,
रूप मेरा खिल उठता।
हवा मेरे पत्तों पर अंगराई लेकर,
अपना ताल बजाती,
और मे लय मय हो जाता हूँ,
ताल से ताल बजने पर,
सात सूरो का सरगम,
से वातावरण और भी मोहक हो जाता है।
हवा के बिना मै नहीं,
मेरे बिना वो नहीं,
कभी बदला ही नही, हम दोनों का रिशता,
हम एक दूसरे को बिना अधूरे है,
क्योकि संगीतमय वातावरण,

बिना वाद्यय तन्त्र के अधूरा है।।

31. मै पेड़ हूँ

मै पेड़ हूँ,
मुझे मत काटो ,
मुझे भी दर्द होता है,
मेरा मन भी रोता है,
वैसे मेरा फ़ल जो है,
मै खुद नही खाती ,
सब दूसरों को ही दे जाती ,
अशुद्ध हवा को खुद पी कर,
वातावरण मे शुद्ध हवा
मे ही देती ,
मै ही हूँ आक्सीजन का श्रोत,
मै ही हूँ जीवन का आधार,
मुझको तुम न प्रहार करो,
इसी दर्द के साथ जीती हूँ,
मुझको जब काटा जाता,
मेरी लाश को यहाँ से,
वहां ले जाया जाता,
तहश महश मुझे किया जाता।
मेरे एक एक अंग औषधी ,
से परिपूर्ण है,
पत्ते है क्या, छाल है क्या,
जड़ है क्या, टहनियाँ है क्या,
सभी अमृत से पूर्ण है,

मैने अपना अमृत देकर,
सबको जीवन दान दिया।
सौंदर्य का भी बोध कराया,
कभी सौंदर्य मै बगिया का,
शो पीस बन जाती हूँ,
धरती का श्रृंगार हूँ मैं,
भरी धूप मे छाया भी देती ,
लोगो के मन को निर्मल कर जाती,
सभी लोग सम्पन्न होते मुझसे ही,
सेवा का अवतार हूँ मै,
मै पेड़ हूँ,
मुझे मत काटो,
मुझे भी दर्द होता है।।

32. हार्ट वीट

मुझे विचलित कर जाती,
तुम्हारी अक्सर वो बातें,
मैनें भी मान लिया अब तो,
दुनियाँ का सबसे,
खूबसूरत म्यूजिक,
अपनी हार्ट बीट है,
क्योकि इसे खुद,
इश्वर ने कम्पोज किया है,
इसलिए मै हमेशा ,
दिल की सुनती हूँ।
जानती हूँ मै,
ब्रंह्ममांड मे व्याप्त है,
अनाहत नाद का म्यूजिक,
यह म्युजिक, ब्रंह्ममांड का,
सबसे खूबसूरत म्यूजिक है,
मगर हार्ट का म्यूजिक ,
उससे भी है अच्छा,
हार्ट के म्युजिक को मै,
दिन के चौबीसो घन्टे,
मै सुनती हूँ।
यह म्यूजिक बड़ा अनोखा,
बड़ा निराला है,
क्योकि इस म्यूजिक के,

बन्द होते ही इन्सान,
अपनी जिन्दगी से, हार जाता है।।

33. धुआँ यादों का

यादें गर, धुआँ हो तो,
आँखो मे चुभ कर,
बना देती इन्सा को भावुक,
डूबी बार्ताओ को आखिर में,
कहा जाता है निःस्वास ,
मत याद दिखाओं मित्रों ,
कि क्या दिन थें.........!
बुढ़ी होती पीढ़ी कहती भावुकता में,
हाय, कभी टाचे होता था,
रेडियों, ट्रांजेस्टर,
जिन्हे चलते थे लटकाकर,
चूल्हे के चौकों में बैठतें,
माँ की फूलके वाली,
गरमा, गरम रोटी,
तेल मे छन्नी पूरी,
जिसको छेद कर,
हम खाते थे।
अरे कैसे उस समय,
एंटिना बदल के टी0वी0 में,
पिक्चर आने पर खुशी, ,
मे चहकते और कहते, आया।
बदलते मौसम को कहते देखकरें,
अहा पहले सतझड़----

मे बनाते थे वर्फ का आदमी।
देखते ही देखते हम,
गम में खुशी ढूढ लेते थे,
और तय हो जाते थे रिश्ते ।
बच्चे कैसे आउट आफ़ स्टेजन से,
घर आते तो थे,
होते थे कितने आँसू खुशी के।
यादों में खो कर कहेगें,
अहा रे। क्या दिन थे,
जब बच्चे पैदा टेस्ट टीयुव में होगें,
नही रुबाब डाल पायेगें बच्चों पर,
कि मैने पाला नौ महिने गर्भ पर,
आन लाइन ही सब हो जाएगा,
प्यार, दुलार, पुरुष्कार , दुत्कार,
तब न स्कूल होगा न ऑफ़िस,
तब हम कहेगें,
स्कूल जाते थे क्या दिन थें।
तब तो जो विषय चाहिए,
वह फ़ीड हो जाएगा।
चुनाव भी ऑन लाइन होगा,
पुराने लोग कहेगें शासन के,
तब कैसे कमीशन, मिशन होता था,
क्या दिन था कमीशन घूस लेने का,
बढ़े राजनीतिज़ कहेंगें,
अहा। कैसे लड़ते थे चुनाव,
कमीशन और घूसबाजी से,
चार घाम सड़को ने ,

पहाड़ को ही मैदान बना डाला।
आज के स्मार्ट फ़ोन,
एंटीक पीश के रूप में शो केस में,
मिलेगें सजे हुए।
प्राइवाइटेशन इतना हो जाएगा,
रोना हसँना भी खरीदना होगा,
रोबोट, बच्चे पैदा कर लेगा,
अब तो यह भी सुना है,
तकनीकि बदलाव तेज इतना कि,
जवान पीढ़ी हो सकता है अपने बुढ़ापे मे,
अहा भर के कहेगी,
अहा। कभी यह होता था।
अब तो मस्तिष्क मे,
एक चिप लगाओं,
खुश हो जाओं,
और प्राकृतिक खुशी ,
दुःख के लिए तरस जाओ,
ऑन लाइन प्यार होगा,
एक क्लिक करो,
प्रेमी हाजिर।
न विरह न मिलन,
क्या दिन थे मित्रे वह,
वीकैन्ड पर घूमने जाते,
अब कहा घूमना।
तब मंगल से हो रही,
सप्लाई, ऑक्सीजन,
कभी लेते ऑक्सीजन खुले में,

चाहे जितनी ऑक्सीजन लेते,
आसमान को निहारते।
जवान तब बूढ़ो से कहेंगे,
जा रहे हम वृहस्पति पर पिकनिक,
रोबोट से कह दिया,
वह झाड़ू लगा देगा,
खाना बना देगा,
अब देखो रोबोट,
करता है इलाज,
किडनी फ़ैल तो,
किडनी सुअर की,
मौजूद बँदर का दिल बाजार में।
खोना चाह रहे थे यादों में,
हल्के हो रहे थे आँसु बढ़ाकर,
अचानक, रोवोट आकर के बोलेगा,
सोच रहे थे क्या मैडम,
यादे पुरानी,
लीजिए मै ले आया,
पुरानी डिटेल यादों की,
तब सिर पटकने का मन करेगा,
डीजिटल तरक्की देखकर,
उस समय तक तो,
हम घोषित हो ही जाऐगें विश्वगुरू,
उड़ने लगेगी पुरानी तकनीकि कोर्स से,
नई तकनीकि के लिए वताई जाएँगी।
पूँजे जाएगे ईश्वर के रूप मे ,
श्री श्री गुरुदेव रवि शंकर ,

हुआ करते थे पहले,
कितने मजे आते थें,
एक काम इंसान के बस का था,
वो काम भी हाथ से गया,
वो पीढ़ी भी पैदा होने के लिए कहेगी,
अहा। पहले पैदा हुआ करते थें,
नामकरण कितने उत्सव।
सब कुछ पुरानी यादें,
अहा रे ....
धुँआ यादों का ।।

34. लोग तो है

तुम अपनी खूबियाँ तो ढूंढो,
कमियाँ दिखाने के लिए,
लोग तो है,
अपने अन्दर एक जुनून......
की चिगांरी तो भड़काओ,
जलने के लिए,
लोग तो है,
प्यार करना है तो,
अपने आप से करो,
दुश्मनी निभाने के लिए,
लोग तो है,
सपने देखना है तो ऊँचे देखो,
सपनो को चूर करने के लिए,
लोग तो है,
अपने इरादों को मजबूत तो बनाओ,
टाँग पीछे खीचने के लिए,
लोग तो है।।

35. तू जरा सब्र तो कर

तू जरा रूक,
तू जरा सब्र तो कर,
दौड़ मत ऐसे,
तू जरा दिल से सोच कर देख,
तू कितने अब पाप करेगा,
वो क्या सही है,
तू जो कर रहा है,
तू पाप कर्म करके,
तू नजरे मिला पाता है खुद से,
करूणा, दया, धर्म ,सत्कर्म ,
जीवन में अपने अपना कर तो देख,
तू जिस माया के पीछे भाग रहा है,
वो तेरे पीछे आएँगी,
रख भरोसा अपने आप पर,
अपने इरादों को मजबूत बना,
और देख कामयाबी
तेरे पीछे जरुर आएँगी।।

36. हर सपना तेरा पूरा होगा

कौन कहता है कामयाबी,

किस्मत तय करती है,

इरादों मे दम हो तो,

मंजिल भी तय करती है,

अगर अपने सपने को पूरा करना है,

तो अपनी बूरी आदतों को छोड़ना होगा,

अगर जिद है, मंजिल पाने की,

धरातल पर उतरना होगा,

जब इरादें मजबूत होगें तेरे,

तब ही हर सपना तेरा पूरा होगा।।

37. मै शुन्य हूँ

मै शुन्य हूँ,
इसको जानने की वाला भी,
मैं ही हूँ,ध्यान ह्नदय मे ले जाऊ,
हो जाऊ शुन्य।
मैल दिल से हटाऊ,
हो जाऊ शुन्य!
पेट में ले जाऊ,
हो जाऊ शुन्य।
मस्तिष्क के पीछे ले जाऊ,
हो जाऊ शुन्य।
नीचे से ऊपर तक,
मै शुन्य हूँ।
मै जागरूक हूँ,
मै शुन्य हूँ।
बस आस का दिया,
भीतर जलता रहे।
क्राउन से रीड़ की हडडी के अन्त तक,
बिल्कुल शुन्य हूँ,
आत्मा अखंडित है,
और विचार खंडित है,
इसी अखंडित मन का ध्यान कर,
निर्माण करे चुम्बकीयता को।
जिसने खुद को जान लिया,

उसने ब्रह्मयमांड को जान लिया,
मै खुद से जान रही हूँ,
कि मै शुन्य हूँ।
इस शुन्य को जानने वाली भी,
मैं ही हूँ।
श्वास आ रही है,
श्वास जा रही है,
ह्नदय के ऊपर कुछ,
बदल रहा है,
लेकिन शुन्य स्थिर है।
मै अखण्ड हूँ,
मै चेतन शक्ति हूँ,
शुन्यता पुरे शरीर में,
व्याप्त है,
मात्र शुन्यता,
शुन्यता ,शुन्यता,
मै शुन्य हूँ।।

38. प्रेम

प्रेम......
निशुल्क होते हुए भी
इस सृष्टि का
सबसे महंगा सुख है।
प्रेम....
हो मिलो दूर फिर भी
अहसास जो दिल मे बसता है
उन्माद प्रेम का जो
बस आँखो से झलकता है
तरंग नाद वीणा का
जो केवल अंतर मन मे बसता है
है पवित्र पावन कमल सा
सच्चा प्रेम कभी ना मरता है।
प्रेम..........
सच्चे प्रेम मे आशुओ का शैलाव होता है ,
बिना शैलाव के प्रेम अधूरा होता है,
प्रेम हर बंधनों से मुक्त होता है
इसे बाँधा नहीं जा सकता
को खरीदा नहीं जा सकता
यह मन मे उत्पन्न,एक तरंग, एक उमंग
एक एहसास।
प्रेम.........
अगर करते हो तो,प्रेमी या प्रेमिका को.

खुला छोड़ दो,अगर सच्चा है तो.
लोट आएगा,अगर नहीं आया तो
समझो था ही नहीं प्रेम।
प्रेम.........
सच्चा प्रेम कभी
अधूरा नहीं होता
जिस्मो का मिलना ही
प्रेम पूरा नहीं होता
दिल जबा रहे तो
प्रेम बुढ़ा नहीं होता ।।

39. कल क्या होगा

कल क्या होगा
कभी भी मत सोचिए
इंसान वही जो वक्त से लड़कर
अपना नसीब बदल दे
असम्भव कुछ भी नहीं यहाँ पर
जो हम कर नहीं सकते
हम वो कर सकते है
जो कभी आज तक सोचा नहीं था
गर अगर दिल मे आत्म विश्वास
और हौसला हो मन मे
तो ऊंचे पहाड़ को काट कर ,
रास्ते मे तब्दील किया जा सकता है,
आत्म विश्वास का दम तो भर,
एक पत्थर तबीयत से टो उछाल,
फिर देख आसमान मे भी सुराख
तु कर सकता है।।

40. मेरी चप्पल

मेरी चप्पल
जरा सा पैर जो
फ़िसला
इल्जाम उस चप्पल,
पर लगाया सबने
तपती जमीनों मे
महीनों काँटों से
बचाया जिसने
जैसी भी थी
लेकिन सुन्दर थी
ऊँची ना थी
लेकिन मेरे लिए ठीक थी
मेरे साथ चलती
हाँ वो कदम से कदम मिला कर चलती
जहाँ भी रूकती
मेरे साथ रुक जाती
मंदिर जाती तो
बाहर मेंरा घंटो इन्तजार करती
साथ मेंरा उसका पुराना था,मगर साथ हम दोनो
का बड़ा ही सुहाना था।।

41. तेरी मंजिल तक पहुँचायेगी

क्यों निराश

क्यों हताश

अभी तो तुझे

आकाश को झुकाना है

सुन लिया तूने बहुत

इस दुनिया की काना फूसी को,इस दुनिया को अपनी बात

सुनाना है।

अब तेरी हर बात

नई इबारत 1 बनेगी

भूल जा अपने अतीत को,जो दुखदाई था।

क्यों निराश

क्यों हताश

तुने सारे जग को जीत लेना है

और एक नया इतिहास बनाना है

फिक्र को मार गोली

मन के अन्दर निहार 2 तु

ज़ी लो अपने जीवन को

खुल कर एक बार तु

खूद से प्यार तो कर लो।

महसूस कर, तु खूद से

मौजूदा वक्त को

और वक्त को तेरी तलाश है।

छोटा पथ 3 ,
लक्ष्य पाने को
यह परिश्रम कठिन करवाएगी
तेरी इच्छा शक्ति ही तुझे एक दिन
तेरी मंजिल तक पहुंचाएगी।।
1 लेख 2 देखना 3 रास्ता

42. अपने हर लफ़ज का

मैं अपने हर लफ़ज का
खुद को आईना बना लु तो
उसको कैसे छोटा कह कर
खुद को कैसे बड़ा बना लु तो
मुझको चलने दो अकेले
सफर मेरा काफी बाक़ी है
गर रास्ता रोका गया तो
काफीला ना बन जाऊ
यह नहीं सोचा तुमने
मैं गिरी तो मिशाल बन
हो जाउंगी मैं खड़ी
खुदा की रहमते है मुझ पर
बस आज एक तेरे कहने से
खुद को आज मिटा लु तो ।।

43. हाँ मैं हीरा हूँ

हाँ मैं हीरा हूँ...........
एक कंकर खुरदरा सा
मगर हूँ मैं अनमोल
अँधेरे मे परा बैगनी किरणों मे
नीली आभा के साथ चमकता हुआ
मगर नकली नहीं
प्रकाश मे मैं कोनो के
आर पार देखने पर
इंद्राधनुष सा अलग अलग
रंगों को खुद मे समेट कर
दिखाई देता हुआ
हाँ मैं वो हीरा हूँ........
मैं पानी से भरे गिलास
डालने पर उच्च घनत्व के
कारण डूब जाता हूँ
मुझको मुँह के सामने लाकर
मुझ पर भाप निकाले
भाप नमी मे बदल जाए
हाँ मैं वो हीरा हूँ...............
मुझको अगर किसी
पुस्तक के आर पार
देखो तो कुछ भी साफ
दिखाई नहीं पडती

हाँ मैं वो हीरा हूँ...........
लेकिन अब हर फलक,
तराशा गया,
मुझ को समेट कर,
था मैं सहमा सा,
छिपा हुआ
आज देखो ना
कितना हासिल कर चुका
मगर कह रहा हूँ मैं
सबसे जुदा
मगर तुमसे जुड़ा
सबसे अनमोल
हाँ मैं वो हीरा हूँ.........।।

44. भय विस्मय का अंत हो जाएगा

कठिनाई भी आने से
जाए डर
आत्मविश्वास का अपने
मन मे बीज तो भर
हौसला और साहस का
दम तु जरा भर
निर्भय होकर आत्माविश्वास
से तु आगे बढ़
कभी, जब तु मार्ग पर कर्तब्य के
कभी हार कर या विवश होकर
हार ना मानने का, जज्बा तु उठायगा
आख़िरकार तेरे आगे देखना,
भय विस्मय का अंत हो जाएगा।।

45. संस्कार और संक्रमण

संस्कार और संक्रमण
दोनों ही फेलते है
संस्कार मानव सभ्यता
की स्थापना करता है
संक्रमण मानव सभ्यता का
करता है विनाश
संस्कार मिलते है अच्छे मां बाप से
जो बांधते है हमें संस्कारो से
संक्रमण आज इतना बढ़ गया
अपनों को गले लगाना भी दुर्भर हो गया
कर्म का साधक घर पर है
जो करता नित मजदूरी है
संस्कार को अपना कर
ऐ मानव तु अप
आदतों मे परिवर्तन तो ला
अपना सुन्दर जीवन जीने के लिए
बुराई की राह छोड़ कर
अच्छाई के पथ पर कदम बढ़ा।।

46. गलतियों से जुदा

गलतियों से जुदा मै भी नहीं,
तुम भी नहीं.........
दोनों इंसान है,भगवान मै भी नहीं,
तुम भी नहीं........
मगर
अपने अन्दर झाकती मैं भी नहीं
तुम भी नहीं......
दोनों के अन्दर गलत फहमियों ने
दूरियाँ पैदा कर दी
वरना फितरत की बुरी मै भी नहीं
तुम भी नहीं..........
दोनों ही इस भीड़ मे तन्हा खड़े है
मगर,मानती मैं भी नहीं तुम भी नही......।।

47. जिंदगी चार दिनों की है

जिन्दगी चार दिनों की है,
मिलजुल रहा करो !
इसमें फूलों संग कांटे भी है,
होसलो के साथ आगे बढ़ा करो !
पता नहीं किस मोड़ पर,
जिन्दगी करवट बदले,
कुछ अपनी कहो,
कुछ हमारी भी,
सुन लिया करो !
कोई जिन्दगी को हंस के,
जी लेता है,
तो कोई रो रो कर,
कर लेता है अपनी जिन्दगी बेहाल!
जिन्दगी खेलती भी उसी के,
जो खिलाड़ी होता है बेहतरीन!
दर्द सबके एक से है,
मगर होसले सबके अलग अलग है,
कोई हताश हो कर बिखड़ जाता है,
तो कोई संघर्ष करके निखर जाता है!
हालात को ऐसा ना होने दे,
कि आप हिम्मंत हार जाए,
बल्कि हिम्मत ऐसा रखो की,

हालात हार जाए!
पतझड़ हुए बिना पेड़ पर,
नए पत्ते नहीं आते,
कठिनाई और संघर्ष सहे बिना,
अच्छे दिन नहीं आते ।।

48. जाने के लिए दूसरी शादी मे

एक कायस्थ बिना निमंत्रण
शादी मे पहुंच गया
खाने की टेबल के सामने
था वो खड़ा
एक सज्जन बोले
उस कायस्थ से
लड़की वालो की तरफ से
या लड़के वालों की तरफ से
वो कायस्थ चुपचाप रहा
बिना कुछ बोले,
गिनने लगा अन्दर आने,
वाले लोगो को,
फिर अपनी चुप्पी तोड़ते,
हुए बोला कायस्थ,
पुलिस स्टेशन से मुझे,
भेजा गया लोगो की
गिनती करने के लिए
यह सुन लड़की
और लड़को
वालों ने मिलकर
बिठाया उसको वी आई पी कुर्सी पर
खिलाया उसको सब तरह का खाना

साथ मे दिया मीठा ऊपर से
और जेब मे 21000 का
लिफाफा भी रख दिया साथ मे
और प्रार्थना की कि हल्के से
संभाल लेना, इस मामले को बस
कायस्थ भी वहाँ से चला गया
और लग गया तैयारी
जाने के लिए दूसरी शादी मे।।

49. मैं घड़ी हूँ

मैं घड़ी हूँ
टिक-टिक करके बढ़ती जाती
बस आगे बढ़ना मेरा काम
तीन सुईया होती मेरी काया मे
पहली सुई सेकण्ड की
दूसरी सुई मिनट की
तीसरी सुई मेरे पहले सुई के बजूद की।
मगर कोई इसकी फिक्र नहीं करता
मै बस टिक टिक करके बढ़ती जाती
हर मानव को मैं यह कहती
समय की कीमत को पहचानो
जिसने समय की कीमत को पहचाना
वह बस जीतता चला जाता
समय का ज्ञान मैं कराती
बच्चे-बूढ़ो सबको मै भाती
स्कूल-कालेज हो या दफ़्तर
सबको समय पर मैं भिजबाती
जिस घर मे मै ना होती
उस घर मे हो जाती समस्या खड़ी
देर से सोना देर से उठना
अस्त ब्यस्त करें हड़बड़ी
हमेशा सबकौ ज्ञान ही देती
सबको हमेशा आगे बढ़ने की

मैं प्रेरणा देती,
सबका जीवन सुगम कर जाती।।

50. धूम्रपान

धूम्रपान कुछ और नहीं
किश्तों मै खुदखुशी है,
कश मै कश लगाकर,
धुएं मै तब्दील कर दिया,
अपनी ही जिन्दगी को,
मौत मे तब्दील कर दिया!
जिन्दगी अनमोल है,
इसको युही बरबाद मत करो,
बुरी लत गई तो,
फेफड़ो से धुँआ निकलेगा,
फेफड़े राख मे तब्दील हो जाएँगे,
फिर यह जिन्दा रहेगी,
ना मौत को बुलाएगी,
खांसी सताएगी जिन्दगी रुलाएगी,
फिर जिन्दगी एक,
सिगरेट की कश का,
धुँआ बन कर रह जाएगी ।।

51. गली का कुत्ता

मै गली का कुत्ता,
मुझको भी दर्द होता है,
मेरे दिल मे भी आंसुओ का,
एक सैलाब सा भरा है,
जब भी मै रात को रोता हूँ,
मुझको सब दुत्कारते है,
हो सकता है मै भी,
हो जाता हूँ ठंड से बेहाल,
रोटी का दुकड़ा पाने के लिए,
दर दर ठोकड़ मै खाता,
दिन भर यहाँ से वहाँ मै भटकता,
लोगो का बचा खुचा मै खाता,
लेकिन रात को चोरो को,
मै दुर भगाता,
भले ही मै वो काम नहीं करता,
जिससे ख़ुदा मिल जाए,
पर वो काम ज़रूर मै करता,
जिससे आप लोगो को
मेरी दुआ मिल जाए!
हो जाता हूँ बीमार अगर मै,
देखभाल की भी मुझे भी जरुरत,
प्यार की भाषा मै खूब समझता,
प्यार का एक हाथ भर रख दे,

रोटी का एक दुकड़ा खिला दे,
रहने के लिए थोड़ी जगह मुझे दे,
इन सब से मै हो जाता बेहाल,
मरते दम तक मै उसका साथ निभाता,
और वो हमेशा के लिए,
मेरा आका1 बन जाता ।।
1 मालिक

52. कल क्या होगा

कल क्या होगा,
कभी भी मत सोचिए,
इन्सान वही जो बक्त से लड़कर,
अपना नसीब बदल दे,
असम्भब कुछ भी नहीं यहाँ पर,
जो हम कर नहीं सकते,
हम वो कर सकते है,
जो कभी आज तक सोचा नहीं था,
दिल मै आत्म विश्वास का पौधा तो लगाओ,
और होसलो से आगे कदम अपने बढाओ,
अरे आप तो ऊँचे पहाड़ को काट कर,
रास्ते मे तब्दील 1 कर सकते हो,
एक पत्थर तबीयत से तो उछालो,
आसमान मे सुराख़ भी कर सकते हो ।।
1 बदलना

53. जरूरत क्या है

बेबजह यू घर से निकला ना करो ,
घर से निकलने की जरूरत क्या है,
सब को पता है बाहर की हवा कातिल है,
मौत से आँख मिचोली करने की,
जरूरत क्या है |
जिन्दगी एक वरदान है यदि,
उसको संभाल लिया जाए,
शमशान मे लाश को सजाने की ,
जरूरत क्या है |
घर ही काफी है दिल,
को बहलाने के लिए,
युही भटकने की रास्तो मे,
जरूरत क्या है ||

निष्कर्ष

काव्य उदय मे ज़िन्दगी के विभिन्न रंगों को सूरज की पहली किरण के साथ नयी उम्मीद जगाती यह ज़िन्दगी । उम्र घटाती है और नया साल और बढाती है यह ज़िन्दगी। यादो मे भी बहुत ताकत होती है कल को आज मै जिंदा रखती है ज़िन्दगी। जो रिश्ते वाकई गहरे होते है वो अपनेपन पर शोर नहीं मचाते। सच्चे रिश्ते शब्दों से नहीं दिल और आँखों के एहसासो से बात करते है। खिल खिलाती शोर से सुनहरी शाम है यह ज़िन्दगी। रिश्ते निभा सको तो खुशहाल, फ़र्ज़ निभा सको तो वरदान है अपने लिए जियो तो बोझ है ज़िन्दगी। यह कल का मुकाबला करने का तरजुरबा भी देती है और अपने को बेहतर बनने का अवसर भी। कल का दिन आज से बेहतर होगा येह भी एहसास कराती यह ज़िन्दगी। अल्फासो के दीवाने तो बहुत है जो ख़ामोशी को पढ़ ले उसकी भी तलाश कराती येह ज़िन्दगी। कभी जीवन की सच्चाई से हमें रुबरु करवाती है यह ज़िन्दगी ।

आपने मेरी रचनाये पढी उसके लिए धन्यबाद आपकी समीक्षा हमारे लिए बहुमूल्य है तो कृपया अपने विचार ज़रूर शेयर करे ।

www.ingramcontent.com/pod-product-compliance
Lightning Source LLC
Chambersburg PA
CBHW031344160726
47993CB00002B/830